BEI GRIN MACHT SICH IHR WISSEN BEZAHLT

- Wir veröffentlichen Ihre Hausarbeit, Bachelor- und Masterarbeit

- Ihr eigenes eBook und Buch - weltweit in allen wichtigen Shops

- Verdienen Sie an jedem Verkauf

Jetzt bei www.GRIN.com hochladen und kostenlos publizieren

Bibliografische Information der Deutschen Nationalbibliothek:

Die Deutsche Bibliothek verzeichnet diese Publikation in der Deutschen National-bibliografie; detaillierte bibliografische Daten sind im Internet über http://dnb.d-nb.de/ abrufbar.

Impressum:

Copyright © 2018 GRIN Verlag
Druck und Bindung: Books on Demand GmbH, Norderstedt Germany
ISBN: 9783668998209

Dieses Buch bei GRIN:

https://www.grin.com/document/493919

Anonym

Die Bedeutung des selbstbestimmten Spiels für die kindliche Entwicklung

GRIN Verlag

GRIN - Your knowledge has value

Der GRIN Verlag publiziert seit 1998 wissenschaftliche Arbeiten von Studenten, Hochschullehrern und anderen Akademikern als eBook und gedrucktes Buch. Die Verlagswebsite www.grin.com ist die ideale Plattform zur Veröffentlichung von Hausarbeiten, Abschlussarbeiten, wissenschaftlichen Aufsätzen, Dissertationen und Fachbüchern.

Besuchen Sie uns im Internet:

http://www.grin.com/

http://www.facebook.com/grincom

http://www.twitter.com/grin_com

AWO Fachschule, Röhrenstraße 6, 14480 Potsdam

5. Facharbeit

Die Bedeutung des selbstbestimmten Spiels für die kindliche Entwicklung

„Der Mensch ist nur da ganz Mensch, wo er spielt".

(Friedrich Schiller)

Krämer Katrin

Inhaltsverzeichnis

1. Einleitung

Die vorliegende wissenschaftliche Arbeit behandelt die Bedeutung des selbstbestimmten Spiels für die kindliche Entwicklung. Für eine bessere Lesbarkeit, werde ich die maskuline Sprachform des Erziehers verwenden, selbstverständlich sind Frauen ebenso gemeint. Zurzeit arbeite ich in der Kita Turmspatzen in Eiche. In der Einrichtung werden 135 Kinder im Alter von 0- 12 Jahren betreut. Zusätzlich gibt es ein Hortgebäude auf dem Grundstück der Ludwig Renn Grundschule für weitere 70 Hortkinder. Da ich im Kindergartenbereich tätig bin, werden meine praktischen Beispiele hauptsächlich auf das Alter von 0-6 Jahre beziehen. Für das Thema habe ich mich entscheiden, weil das Spielen zu den Grundtätigkeiten der Kinder gehört. Aus diesem Grund möchte ich mich mit diesem Thema näher auseinandersetzen, um meinen Blick zu schärfen und mein Wissen darüber zu erweitern. Zudem möchte ich dem Stellenwert des selbstbestimmten Spiels mehr Bedeutung geben und die Wichtigkeit verdeutlichen. Durch die Fachliteratur möchte ich nachweisen, dass im selbstbestimmten Spiel, die Kinder mehr lernen, als wenn Erwachsene versuchen, sie zu „fördern". Infolgedessen werde ich auf das selbstbestimmte Spiel den Schwerpunkt setzen. Folgende Fragen werde ich in meiner Arbeit näher beleuchten: Was heißt überhaupt spielen und woran erkennt man es? Wo liegt die Abgrenzung von Spielen und Lernen oder haben beide Wörter die gleiche Bedeutung? Wie erweben Kinder ihr Wissen? Wie selbstbestimmt ist das Spielen in der Praxis?

Im Folgenden erläutere ich die Definition des Spiels und die dazugehörigen Merkmale. Des Weiteren werde ich mich mit der Forschung beschäftigen und die wissenschaftlichen Erkenntnisse daraus zusammenfassen. Im Zuge dessen werde ich die wichtigen Voraussetzungen für die Entwicklung der bestimmten Spielformen darlegen. Danach erläutere ich die Spielvorläufer und die Spielformen mit ihren Funktionalitäten, die ich in der Fachliteratur gefunden habe. Anschließend gebe ich Handlungsvorschläge für die pädagogischen Fachkräfte, wenn die Kinder „Langeweile" äußern. Zusätzlich werde ich mich mit dem Wert des Spiels und die Haltung des Erziehers auseinandersetzen. Folgend erläutere ich die elementaren gesetzlichen Grundlagen zum Thema Spiel. Nachfolgend setze ich mich mit der Raumgestaltung auseinander und stelle die Spielräume in der Praxis dar. Daraufhin befasse ich mich mit den Spielmaterialien und benenne die wichtigsten Kriterien zur Auswahl eines kindgerechten Spielzeugs. Des Weiteren untersuche ich durch gezielte Fragen, wie frei das Freispiel tatsächlich in der Praxis ist und erläutere dies kurz. Demnach stelle ich die optimale Spielsituation dar und die notwendigen Rahmenbedingungen, die ein Kind zu einem gesunden Spielen benötigt.

Zudem gebe ich meine Beobachtung zum selbstbestimmten Spiel wieder und benenne die Lerninhalte der Kinder in diesem Spiel. Anschließend lege ich das Pädagogische Handeln bei der Begleitung des Freispiels dar und gebe praktische Beispiele in der Umsetzung. Zum Schluss formuliere ich mein persönliches Resümee.

2.Definition

Die Lust am Spielen und die Neugier sind Kindern angeboren. Spielen gehört zu den Tätigkeiten, die der Mensch ein Leben lang ausübt. Entwicklungspsychologisch gesehen, entdeckt der kleine „homo ludens" (lat. „der spielende Mensch") die Welt, während er spielt. Das Spiel gehört also unbedingt zum Lebensalltag des Kindes dazu. (vgl. Heute wieder nur gespielt: 2016, S. 10)

Ich habe viele unterschiedliche Definitionen und Merkmale in den Fachbüchern zu dem Begriff Spiel gefunden. Ich beschloss deshalb zunächst in der Praxis (Kita Turmspatzen) die Experten zu befragen, also die Kinder, wie sie das Spiel definieren. Auf meine Frage: „Was ist spielen?", antworteten die Kinder so: „Für mich heißt Spielen, dass meine Freude mit mir ein tolles Spiel spielen, wie Mau Mau Katze" M., 5 Jahre alt. „Spielen heißt singen" T., 4 Jahre. „Das man mit Kindern was macht" H., 6 Jahre. „ Das man nicht beißt". T., 3 Jahre. „Feuerwehr mit Helm". E., 3 Jahre. „Spielen ist für mich richtig schön". L., 5 Jahre. „Also ich mag immer im Sportraum spielen, weil der Sportraum mein Lieblingsraum ist. M., 6 Jahre. „Spielen ist für mich draußen spielen" J., 5 Jahre, „Spielen ist Geheimnisse mit Freunden haben" P., 6 Jahre.

Es sind sehr aussagekräftige Sätze wie ich finde, die aus Kinderaugen beschreiben, was Spielen genau bedeutet und wie facettenreich es sich darstellt.

2.1 Fünf Merkmale des Spiels

Ich habe mich für die Definition von Bernhard Hauser entscheiden. Diese weist fünf Merkmale auf, die ich hier näher erläutern möchte:

1. Unvollständige Funktionalität
2. So-tun-als-ob
3.Positive Aktivierung und Fokussierung
4.Wiederholung und Variation
5.Entspanntes Feld

Merkmal 1: Unvollständige Funktionalität

Spielen macht Freude und muss nicht einen Zweck erfüllen. Spielen ist frei von äußerem Nutzen. Das Spiel ist jedoch in sich selbst zweckvoll, wenn Kinder ihre Ziele und Zwecke ihrer Spielhandlungen selbst bestimmen. Sobald Ziele oder Ergebnisse von den Kindern angestrebt werden, dienen diese für die aktuelle Spieltätigkeit. Jedoch ist dieser Nutzen für die Kinder ein Nebenaspekt. Denn Kinder spielen, um Spaß zu haben und nebenbei lernen sie für das Leben. (vgl. Heute wieder nur gespielt:2016, S. 14)

Beim Schaukeln zum Beispiel konnte ich gut beobachten, dass die Kinder aus Freude schaukeln und nicht, um ihre Motorik und Koordination zu verbessern.

Merkmal 2: So-tun-als-ob

Spielverhalten erkennen Erzieher z.b. am Gesichtsausdruck. Dabei ist die Gestik und Mimik übertrieben, die Handlungen sind unvollständig oder unlogisch. Die Kinder trinken z.b. aus Sandförmchen in deutlich übertriebener und unrealistischer Weise. Gespielte Handlungen sind Varianten, die in der Wirklichkeit nicht bestehen müssen. Im Spiel probieren sich die Kinder in vielfältigen Rollen „gefahrlos" aus. So werden im Spiel wichtige Fähigkeiten spielend eingeübt und Fertigkeiten entwickelt. Wenn Kinder Beispielsweise im Spiel kämpfen, führen sie die Schläge sanft aus oder deuten diese nur zum Schein an. (vgl. Heute wieder nur gespielt:2016, S. 15)

In der Praxis konnte ich gut beobachten, dass bei einem „Boxkampf" zwei Jungen nur die Bewegungen mit den Händen andeuteten um sich nicht ernsthaft zu verletzen.

Merkmal 3: Positive Aktivierung und Fokussierung

Spielen ist freiwillig, aus purer Lebenslust und ohne Zwang. Von Kindern wird Spielen spaßmachend, aufregend und zudem entspannend empfunden.

Wenn Kinder aus eigenem Antrieb spielen, können Erzieher viele dieser Emotionen beobachten. Der Spielverlauf ist überwiegend offen, unvorhersehbar und stellt dadurch für die Kinder einen besonderen Reiz dar. Interesse, Erlebnisse, etwas wie ein kleiner Risikofaktor aber mit minimaler realistischer Gefahr unterstützen die Attraktivität kindlicher Spielausübung. Wenn die Kinder in ihre Spielszenarien eintauchen und sehr vertieft sind, nehmen sie die Welt um sich herum nur noch sehr reduziert wahr. Hierbei verschmelzen Bewusstsein und Handlung. Es entsteht eine Balance zwischen Anforderung und Fähigkeiten. Die Kinder erleben den so genannten „Flow" Zustand". Nach Maria Montessori heißt dieser Zustand die "Polarisation der Aufmerksamkeit".

Das selbstgesteuerte Lernen ist im Vergleich mit dem von außen gesteuertem Lernen bei weitem wirksamer und effektiver. (vgl. Heute wieder nur gespielt:2016, S. 16)

Im Kreativraum konnte ich zum Beispiel beobachten, dass beim Malen mit Tusche die Kinder so in die Tätigkeit vertieft waren, dass sie über fünf Minuten, still an ihrem Werk gearbeitet haben.

Merkmal 4: Wiederholung und Variation

Kinder haben geradezu ein Verlangen, bestimmte Handlungen immer wieder zu wiederholen, bis sie ihr Vorhaben erreicht haben. Dies ermöglicht ihnen Dinge besser zu verinnerlichen. In Abgrenzung dazu stehen, stereotype, zwanghafte Verhaltenweisen und Explorationsverhalten. Beim erkunden eines Gegenstandes fehlt die Wiederholung. Ein vertrauter Gegenstand wird in vielfältiger Weise bespielt. (vgl. Heute wieder nur gespielt: 2016, S. 17)

Ich konnte beobachten wie ein Kind immer wieder draußen das Wasser von einem Förmchen ins andere geschöpft hat.

Merkmal 5: Entspanntes Feld

Der Begriff kommt aus der Verhaltensforschung und meint eine entspannte Atmosphäre, die dem Kind ein positives und sicheres Gefühl gibt. In einer sicheren Umgebung, wird nicht nur gespielt und gelernt, sondern ausprobiert und Neues erfunden. Neben der Sicherheit ist auch die Anregung von wichtiger Bedeutung. Denn in einem anregungsarmen Umfeld (Materialien, Räume, Bilder) werden das Spielverhalten und die Neugier deutlich verringert.

Zu diesem Merkmal konnte ich bei der Bringsituation morgens beobachten, dass die Kinder erst nach einem kurzen Ankommen (alle Freude begrüßen) zu spielen beginnen, also erst, wenn sie sich sicher und entspannt fühlen.

3. Verhaltensforschung

Das neugierige und erkundende Verhalten führt bei Menschen dazu, die Umwelt genauer kennen zu lernen. Das Erkundungs- und Spielverhalten können nicht immer genau voneinander getrennt werden. Aus der natürlichen Neugierde entsteht das Spielverhalten. Dem zufolge hat das Spielen eine wichtige biologische Funktion. Mensch und Tier lernen im Spiel, sich in einer verändernden, komplexen Welt zurechtzufinden. Das Unbekannte wird erkundet, neue Bewegungs- und Wahrnehmungsfähigkeiten und soziale Rollen werden trainiert und erlernt.

Dem zufolge erweitern sich neue Verhaltensmuster und es kommt zum Beispiel zu neuen Erfindungen oder Entwicklungen. (vgl. Heute wieder nur gespielt: 2016, S. 19)

3.1 Hirnforschung

Neurowissenschaftler machten es möglich, recht detailliert zu beschreiben, was im Gehirn vorgeht, wenn es nicht in erster Linie um die Organisation des Alltags geht. Wenn das Gehirn nicht primär zur Verfolgung bestimmter Ziele und Zwecke genutzt wird. Wenn es den Menschen gelingt, einen Raum zu betreten, wo der Mensch frei und unbekümmert denken und handeln kann, Neues entdeckt und seine Potentiale ausschöpfen kann. Die Hirnforscher konnten bei dem spielenden Menschen zum Beispiel anhand von bildgebenden Verfahren messen, dass im Bereich der Amygdala (Hirnareal, welches u. a. für Emotionen verantwortlich ist) eine Verringerung des Sauerstoffverbrauchs aufgrund einer Verminderung der Aktivität der Nervenzellenverbände sichtbar war. Diese Hirnregion ist immer dann aktiv, wenn die Menschen Angst haben. Im Spiel verliert also der Mensch seine Angst. (vgl. Rettet das Spiel: 2018, S. 19)

Zudem werden die Hirnareale verstärkt, die gebraucht werden, um die aktuellen Herausforderungen des Spiels zu bewerkstelligen. Je vielfältiger das Spiel ist, desto mehr Netzwerke werden währenddessen in Gang gesetzt. Genau das sind wichtige Voraussetzungen, dass Menschen durch neuartige Verknüpfungen aus bestehendem Wissen, neue Ideen und Einfälle entwickeln können. Zudem wurde beobachtet, dass zum Beispiel bei jeder gut bewältigten Aufgabe bestimmte Neuronenverbände im Mittelhirn, die auch „Belohnungszentren" genannt werden, zunehmend aktiviert werden. Dieses Gefühl erleben Menschen als Freude, Lust oder Begeisterung. Diese drei Erkenntnisse, stellen deutlich dar, dass der spielende Mensch, erst dann seine Potentiale entfalten kann, wenn er keinen Druck oder Zwang verspürt. Deshalb fühlen sich Menschen meist dann frei und lustvoll, wenn sie spielen. (vgl. Rettet das Spiel: 2018, S. 20)

Zusammengefasst heißt dies, dass das völlig absichtslose Spielen, für die besten Vernetzungen im Gehirn sorgt.

3.2 Evolutionsforschung

Mit der Evolutionsforschung möchte ich erläutern, welches Verhalten angeboren ist.

Das Verhalten, welches der heutige Mensch zeigt, ist evolutionsbiologisch begründet. Denn alle Lebewesen auf dieser Erde sind von der Vergangenheit geprägt, diese Prägungen helfen beim Überleben und Wachsen.

Die Verhaltensweisen wie Neugier und Erkundung sind genetisch bedingt, das Kind ist ein von Natur aus lernfähiges Wesen. Das Unbekannte, in sicherer Umgebung, löst Erkundungsverhalten und später das Spielverhalten aus. Demzufolge gehört das Spielverhalten aus verhaltens-, neuro- und evolutionsbiologischer Sicht zur „Natur des menschlichen Kindes". (vgl. Heute wieder nur gespielt: 2016, S. 19)

3.3 Bindungsforschung

Die Bindungstheorie geht von der Annahme aus, dass der Mensch mit zwei biologisch festgelegten Bedürfniskomplexen eingerichtet ist. Dem Bedürfnis nach Bindung und dem Bedürfnis nach Exploration, die sich zueinander entgegengesetzt verhalten. Ist Beispielsweise das Bedürfnis nach Bindung hoch und dadurch aktiv, ist der Drang nach Erkundung niedrig. Ein hohes Explorationsverhalten hingegen, ist ein Zeichen dafür, dass das Kind sich sicher und gebunden fühlt. Zu dem Bedürfnis nach Bindung, Sicherheit und Geborgenheit müssen andere wichtige Grundbedürfnisse, wie Hunger, Durst, Schlaf erfüllt sein. Ein hungriges Kind beispielsweise erkundet seine Umwelt nicht und spielt nicht. (vgl. Heute wieder nur gespielt: 2016, S. 20)

3.4 Entwicklungspsychologie

Entwicklung ist ein Prozess von Veränderungen während des gesamten Lebenslaufes von Menschen. Die Kindheit ist besonders entwicklungsreich und lernintensiv, so dass die Entwicklungsfortschritte am wirkungsvollsten sind. Aufgrund der hohen Plastizität des Gehirns sind vor allem in den ersten Jahren extreme Entwicklungs- und Lernprozesse gegeben. Die individuellen Anlagen und die soziokulturelle Umwelt beeinflussen wechselseitig die Entwicklung. Das Kind muss körperliche, affektive, kognitive und soziale Entwicklungsaufgaben bewältigen. Für jede Entwicklungsphase des Kindes hat das Spiel und dessen Spielformen eine wichtige Bedeutung. Das Spiel bietet in jeder Entwicklungsphase maximale Entfaltungsmöglichkeiten. Demzufolge beeinflussen sich Spiel und Entwicklung gegenseitig (vgl. Heute wieder nur gespielt: 2016, S. 21)

4. Entwicklungsvorrausetzungen für bestimmte Spielformen

Hier möchte ich die Voraussetzungen für die Spielformen darstellen und ihre Bedeutung untersteichen.

Kinder weisen in jeder Entwicklungsphase typische Spielformen und Spielhandlungen auf. Die Bandbreite der geistigen Fähigkeiten wird mit jeder Spielphase erweitert. Kinder entwickeln sich so betrachtet spielend weiter.

Um überhaupt einige Spiele spielen zu können, werden bestimmte kognitive, soziale und emotionale Kompetenzen benötigt. (vgl. Heute wieder nur gespielt: 2016, S. 22)

4.1 Objektpermanenz

Nach Jean Piaget entwickelt sich zwischen dem sechsten und achten Lebensmonat die „Objektpermanenz". Dabei machen die Kinder die Erkenntnis, dass Objekte, die sie nicht sehen können, trotzdem vorhanden sind. Vorher galt das Prinzip „aus dem Auge, aus dem Sinn". Die Kinder haben die geistige Reife erreicht und können ein inneres Bild herstellen. Ist zum Beispiel ein Ball unter den Schrank gerollt, so versuchen die Kinder diesen wiederzuholen. (vgl. Heute wieder nur gespielt: 2016, S. 22)

Ich habe beobachtet, dass Erzieher mit den Kindern Suchspiele spielen, zum Bespiel mit einem kleinen Stein, der in der Faust verschwindet und dann heimlich hinter dem Rücken oder in der Hosentasche abgelegt wird. Die Verwirrung des Kindes ist dann groß, wenn der Stein in beiden Händen nicht zu finden ist, da das Kind die Erwartung hat, dass der Stein in einer der beiden Hände sein müsste (Objektpermanenz).

4.2 Symbolverständnis

Das Symbolverständnis entwickelt sich mit ungefähr achtzehn Monaten und ist die Voraussetzung für das spätere Fantasie- und Rollenspiel. Die Als-ob-Spiele zeigen, dass das Kind fähig ist, sein Denken von der direkten festgestellten Wahrnehmung des Gegenstandes zu befreien. Diese Fähigkeit zur Abstraktion ist die Voraussetzung für das fantasievolle Spielen. (vgl. Heute wieder nur gespielt:2016, S. 23)

In der Praxis habe ich zum Bespiel beobachtet, dass ein Sieb zur Kopfbedeckung eines Kindes umgewandelt wurde oder ein Stock als Kerze auf einem Sandkucken umfunktioniert wurde oder ein Taschentuch zu einem gefährlichen Hai wurde.

4.3 Perspektivenübernahme

Mit etwa vier Jahren, überwinden Kinder ihren Egozentrismus (nach dem Entwicklungs-psychologen Piaget, beschreibt es die kognitive Unfähigkeit, den Blickwinkel eines anderen einzunehmen) den Kindern gelingt es immer mehr, sich in andere Personen hineinzuversetzen und deren Sichtweise zu übernehmen.

Sie verstehen immer besser, dass Menschen verschiedene Bedürfnisse und Meinungen haben. Verhaltensreaktionen können sie zum Teil voraus denken. Die Fähigkeit, eine Theorie darüber zu entwickeln, was die anderen fühlen, denken und wünschen, wird als „Theory of Mind" genannt. Die Fähigkeit zum Wechsel der Perspektive ist im Kontext mit Empathie zu sehen und bildet die Grundlage für komplexe, anspruchsvolle Sozialspiele. Andersherum ist es jedoch auch so, je öfter Kinder sich in andere Rollen versetzen, desto besser werden sie darin, ihren Blickwinkel zu ändern. (vgl. Heute wieder nur gespielt:2016, S. 23)

In der Kita Turmspatzen habe ich beobachtet, dass ein Kind sich beim Fußballspielen das Knie aufgeschürft hat, ein anderes Kind (4 Jahre) darauf schnell zu mir eilte und mich fragte, ob es denn schnell eine Kühlkompresse für das verletzte Kind bei beim Küchenpersonal holen darf, um die Wunde zu kühlen. Das Kind hatte also mitgefühlt, dass das verletze Kind Schmerzen hatte und wollte ihm helfen.

4.4 Unterscheidung von Wirklichkeit und Schein

Im vierten Lebensjahr können Kinder meist zwischen Realität und Fantasie unterscheiden. Kinder treten aus ihrem Spiel heraus und besprechen sachlich, wie das Spiel weitergehen kann. Das ist wichtig für das Bewusstsein, um eine deutliche Grenze zwischen Spiel und Realität zu ziehen. (vgl. Heute wieder nur gespielt:2016, S. 23)

Ich habe dazu beobachtet, wie ein Mädchen in einem Mutter-Kind-Rollenspiel zu einem anderen Mädchen sagte:" Du sollst jetzt so tun, als ob du ein Baby bist und schläft okay?".

4.5 Bedürfnisaufschub und Impulskontrolle

Mit zunehmendem Alter können Kinder ihre Bedürfnisse, wie zum Beispiel Essen und Trinken, immer mehr aufschieben und ihre Impulse besser kontrollieren. Dadurch haben Sie die Möglichkeit im Spiel zu bleiben, so dass das Spiel weiter verlaufen kann und bis zum Schluss gespielt werden kann. (vgl. Heute wieder nur gespielt:2016, S. 24)

Oft habe ich beobachtet, dass die Kinder, wenn sie sehr in das Spiel vertieft sind, erst etwas zu trinken holen, wenn sie das Spiel zu Ende gespielt haben oder erst nach dem Spiel auf die Toilette gehen.

4.6 Regelverständnis

Das Regelbewusstsein von Kindern ist ein Prozess, der etwa über zehn Jahre verläuft.

Gegen Ende des vierten Lebensjahres, entwickelt das Kind die Perspektivenübernahme und verfügt dann über ein einfaches Regelverständnis. Nach Jean Piaget übernimmt das Kind die Regeln, ohne zunächst einen tieferen Sinn dabei zu erkennen.

Im Stadium des „egozentrischen Regelverständnisses" unterwirft sich das Kind strikten Regelvorgaben. Im Stadium der „abwandelbaren Regeln", mit etwa zehn Jahren, begreift das Kind die meisten Regeln. Es entwickelt nun auch eine Regelverständigung, so dass Regeln situationsangepasst und bedürfnisorientiert abgewandelt werden können. (vgl. Heute wieder nur gespielt: 2016, S. 24)

5. Spielformen und Spielphasen

In diesem Kapitel möchte ich die Bedeutung von den verschiedenen Spielformen und Spielphasen darstellen.

Die Spielformen und Spielphasen lassen sich nicht eindeutig chronologisch zuordnen, weil es zeitliche und thematische Überschneidungen gibt. Auch Altersangaben sind nur Durchschnittwerte. Kinder, die lange in einer Spielphase verbleiben, nutzen diese wahrscheinlich intensiv aus, weil sie hier ungewöhnlich gut sind bzw. Begabungen entwickeln. Andersherum konnte das Überspringen einer Spielphase bislang nicht nachgewiesen werden. Dies wäre unlogisch, da die einzelnen Phasen aufeinander aufbauen. Auch wird keine Spielphase durch eine anschließende Phase komplett aufgelöst, sondern verändert. Da mit zunehmenden Alter und Spielerfahrung die Anforderung und Komplexität steigen. So entsteht aus einem Rollenspiel zum Beispiel darstellende Spielformen wie Pantomime oder Theater. Tätigkeiten wie Handarbeit oder Modellbau können sich aus Konstruktionsspiel (siehe Spielform) entwickeln. (vgl. Heute wieder nur gespielt: 2016, S. 24)

5.1 Einzelspiel und Parallelspiel

Bei Kindern bis ungefähr drei Jahren dominieren noch das Einzel (Alleinspiel) und Parallelspiel, weil die Fähigkeit zur Perspektivübernahme und die Sprache noch nicht so weit entwickelt sind, um an komplexen Spielabläufen teilzunehmen. Einzel- und Parallelspiel stellen natürliche Übergansformen zum nachfolgenden Kooperationsspiel dar. Das Kooperationsspiel ist aufgrund der vielfältigen Lernmöglichkeiten eine sehr bedeutsame Spielform. (vgl. Heute wieder nur gespielt: 2016, S. 25)

Zu dem Alleinspiel konnte ich in der Praxis beobachten, wie Kinder alleine gepuzzelt oder gemalt haben. Bei dem Parallelspiel, spielten zwei Kinder nebeneinander mit den Bausteinen.

Sie beobachteten einander, sprachen laut vor sich hin und ahmten die Bauweise von einander ab. Beim Kooperationsspiel konnte ich beobachten, wie zwei Kinder in einem „Vater-Mutter-Kind-Spiel" die weiteren Tätigkeiten wie das Zubettgehen des „Kindes" besprachen.

5.2 Spielvorläufer

Da ich in diesem Kapitel näher auf die Spielformen eingehen möchte, werde ich die Spielvorläufer nur kurz anschneiden und ihre Wichtigkeit erklären. Zu den Spielvorläufern gehören Nachahmung (ab der Geburt), Eltern-Kind-Spiele (ab dem dritten Lebensmonat) und Exploration (ab dem vierten Monat). Durch die Spielvorläufer erwerben die Kinder Spielfähigkeiten die grundlegend für die späteren Spielformen sind. Deshalb werden diese Spielformen zu den Vorläufern des Spiels gezählt. Bei der Nachahmung werden Verhaltensweisen der Bezugspersonen ab der Geburt nachgeahmt, wie zum Beispiel das Herausstrecken der Zunge. Die Eltern-Kind-Spiele sind zum Bespiel Krabbelspiele und das sprachliche Begleiten der Handlungen der Eltern oder des Kindes. Auch Reimspiele und Streicheleinheiten der Eltern zählen dazu, diese erzeugen Nähe und Vertrauen. Beim Explorationsverhalten entdecken und erforschen Kinder sich selbst und ihre Umgebung, wenn die Neugierde gestillt ist kann es in ein entspanntes Spielen übergehen. (vgl. Heute wieder nur gespielt: 2016, S. 26- 29)

5.3 Funktionsspiele

Nun werde ich die unterschiedlichen Spielformen näher darstellen und zu jeder Spielform kurze Praxisbeispiele geben.

Im Alter zwischen dem zweiten und achtzehnten Lebensmonat bevorzugen Kinder das Funktionsspiel. Dabei ist die Freude an der Funktion (Funktionslust) groß. Kinder sind begeistert, die Möglichkeiten des eigenen Körpers oder später der Objekte auszuprobieren. Beim Erkunden macht das Kind Erfahrungen über unterschiedliche Eigenschaften, wozu die Dinge sein könnten und wie sie funktionieren. Aus anfangs absichtslosem Handeln, entsteht absichtvolles. Denn hat ein Kind erst herausgefunden, wie es eine bestimmte Wirkung selbst auslösen kann, wird es diese wieder nach System erzeugen. Die Freude und Erfahrung über das Selbstausgewirkte wird zum Beschleuniger weiterer Forschungsaktionen. So entstehen komplexe Handlungen, die nach Piaget „Schemata" genannt werden, die aus dem Zusammenwirken von Bewusstsein und Motorik entwickelt werden. (vgl. Heute wieder nur gespielt: 2016, S. 31)

Beispielsweise konnte ich in der Krippe beobachten, dass die Kinder große Freude an ihren Händen hatten, sie leckten diese ab, saugten oder griffen damit Gegenstände. Auch Spielzeug, wie zum Beispiel Rassel, wurde im Mund nach Beschaffenheit, Geschmack und Größe erkundet und anschließend geschüttelt. Das durch das Schütteln ausgelöste Geräusch wurde mehrmals wiederholt und machte scheinbar große Freude. Auch das Strampeln und trampeln mit den eigenen Beinchen oder das Spielen mit der Stimme und Lippen konnte ich gut beobachten.

5.4 Bewegungsspiele

Mit stetiger Beweglichkeit erweitert sich der Wirkungsbereich des Kindes enorm. Es gibt nun viele Möglichkeiten, um zu lernen und sich in der Umgebung noch besser durch die erweiterte Mobilität zurechtzufinden. Entwicklung ohne Spielen ist genauso unmöglich, wie Spielen ohne Bewegung. Spielen heißt auch in Bewegung sein, mit ruhigeren Phasen und Ruhe zwischendurch. Jede Spielform ist gekennzeichnet von vielfältigen Bewegungsvarianten. Besonders das bewegte Spielen ist die allgemein bedeutendste Spielform. Die Erfahrungen, die Kinder beim Bewegungsspiel sammeln, betreffen nicht nur den Körper und die Motorik, sondern die ganze Person und Persönlichkeit. Bewegung liegt in der Natur des Menschen, in den meisten Schulen jedoch müssen Kinder, entgegen der Natur, über viele Jahre still sitzen. Heute sind Bewegungsmangel und Gewichtsprobleme unter Heranwachsenden häufig zu finden. Neue Forschungen belegen, dass intensive Bewegungsangebote den gesamten Bildungsprozess im Kindesalter unterstützen können (vgl. Bewegungsbildung: 2009, S. 23).

In der Praxis habe ich vor allem draußen, viele unterschiedliche Bewegungsspiele beobachtet. Zum Beispiel wie die Kinder mit einem Hula Hoop Reifen spielen, diesen rollen lassen und wieder auffangen oder den Reifen um den eigenen Körper kreisen. Das Fangenspiel ist im Kindergarten auch sehr beliebt. Zudem auch das Fußballspiel, mit den Fahrzeugen fahren, schaukeln, Roller fahren oder sich raufen.

5.5Als-ob-Spiele

Im Alter von zwei Jahren favorisieren die Kinder Symbolspiele. Diese sind durch das Element Fantasie erkennbar. Vorher waren es die Gegenstände, die mehr erforscht wurden. So werden nun die Objekte umgedeutet zu einem nicht vorhandenen Gegenstand.

Die Symbolspiele sind Nachahmungsspiele, die Kinder beobachten ganz genau ihre Umgebung und eifern die für sie bedeutsame Tätigkeit zum Beispiel nach.

Im Als-ob-Spiel wird ein Objekt mit einer symbolisch neuen Bedeutung versehen. Diese Symbolisierung setzt eine kognitive Fähigkeit voraus. Ein vorhandenes Objekt wird durch die Vorstellungskraft, durch einen anderen Gegenstand vertreten. (vgl. Heute wieder nur gespielt: 2016, S. 36-37)

In der Praxisstelle, habe ich im Bauraum zum Beispiel beobachtet, dass ein Bauklotz zum Telefon wurde und damit die Eltern und Geschwister angerufen wurden. Oder eine Schaufel zum Hexenbesen umfunktioniert wurde und die Kinder damit „umhergeflogen" sind. Draußen konnte ich auch beobachten, wie Laubblätter als Schwamm verwendet wurden, um den Tisch sauber zu wischen.

5.6 Konstruktionsspiele

Bei den Konstruktionsspielen geht es darum, etwas Sichtbares zu erschaffen (Schaffenslust). Beim Bauen zum Beispiel werden Materialien immer wieder neu und kreativ genutzt, beim Zeichnen werden Materialien wie Papier, Farbe eher verbraucht. Im Gegensatz zu den anderen Spielformen wird hier ein bestimmter Plan umgesetzt. Die Kinder haben meist vor dem Spiel ein inneres Bild vor Augen, wie zum Beispiel eine Brücke aussehen sollte und versuchen diese dreidimensional zu bauen oder zweidimensional zu malen. (vgl. Heute wieder nur gespielt: 2016, S. 38)

Im Kindergarten habe ich beobachtet, dass die Kinder im Bauraum einen Parkplatz bauten, vorher aber sich austauschten, was sie gemeinsam bauen wollen, also sich vorher ein inneres Bild von dem Parkplatz machten (Ergebnisorientiert).

5.7 Rollenspiele

Kinder können jede beliebige Rolle besetzen und erleben, wie es sich anfühlt jemand anderes zu sein. Sie identifizieren sich mit der angenommenen Rolle und probieren gefahrlos Situationen aus, die im wahren Leben vielleicht noch nicht möglich sind. Im Rollenspiel werden Erlebnisse, Erfahrungen und Inhalte von zum Beispiel Büchern, Geschichten und Filmen nachgespielt. Sachverhalte können im Spiel in der Zukunft durchgespielt und somit erlebt werden, so können Gefühle besser dargestellt und verarbeitet werden. Im Rollenspiel gibt es keine Grenzen und alles ist möglich. Kinder drücken im Rollenspiel ihre Gefühle und Lebenssituationen aus. (vgl. Heute wieder nur gespielt: 2016, S. 40-41)

In der Einrichtung konnte ich beobachten, wie im Gruppenraum die Kinder Arzt gespielt haben. Ein Mädchen lag auf dem Boden und das andere kniete daneben und verpasste dem liegenden Mädchen eine Spritze. Danach holte die gespielte Ärztin ein Pflaster raus und klebte es auf den Arm der Patientin.

5.8 Regelspiele

Ungefähr ab fünf Jahren werden die Regelspiele bedeutend. Von Anfang an sind die Regeln hier festgesetzt. Wer gegen die Regeln verstößt muss mit Sanktionen, wie Strafpunkten oder Ausstieg aus dem Spiel, rechnen. Regelspiele gehören zu den sozialen Spielen, das Kind ist Teil einer Gruppe oder eines Teams. Ein Wettstreit oder gemeinsames Lösen von Aufgaben nach bestimmten Regeln gehören dazu. Jüngere Kinder halten Regeln zwar ein, ein genaues Verständnis fehlt aber meist und sie können deshalb noch nicht flexibel oder strategisch diese einsetzen. (vgl. Heute wieder nur gespielt: 2016, S. 44-45)

Im Kindergarten habe ich vor allem beobachtet, dass Fangen spielen ein sehr beliebtes Spiel ist. Ein Kind fängt ein anderes oder mehrere Kinder. An bestimmten Orten, wie bei uns z.B. draußen die Tischtennisplatte, haben sie die Regel bestimmt, dass die Kinder die gefangen werden, sich verstecken können im „Häuschen" (durch berühren der Tischtennisplatte) und der Fänger darf sie während dieser Zeit nicht fangen. Wenn ein Kind gefangen wird, wird es zum Fänger und die Rollen werden getauscht.

6.Wie lernen Kinder?

Da die Kindertageseinrichtig eine Bildungseinrichtung ist, ist das Lernen für die Kinder von großer Bedeutung. Da es mich interessiert, wie Kinder sich Dinge einprägen, möchte ich hier die wichtigsten Punkte zusammenfassen, wie Kinder lernen.

Kinder erfahren Ereignisse, diese werden durch Gefühle zu Erlebnissen. Die Erlebnisse werden dadurch zu Erfahrungen und die Erfahrungen werden durch das Reflektieren zu Erkenntnissen. (vgl. Erzieherinnen und Erzieher: 2004, S 292)

Lernen ist ein lebenslanger Prozess, durch den ein Lebewesen sein Verhalten als Ergebnis von Erfahrungen ändert und die gemachte Erfahrung verinnerlicht. Lernen braucht viel Raum und Zeit. Das Lernen geschieht aktiv. Jeden Tag lernt ein Mensch etwas. (vgl. Was Kinder wissen müssen: 2002, S. 72) Kinder lernen ständig und in den meisten Fällen ist dies mit einem starken Bedürfnis nach Autonomie verbunden. (vgl. Rettet die Neugier: 2013, S. 48)

Lernen passiert ganzheitlich, das heißt dass der ganze Mensch an dem Lernprozess beteiligt ist. Also alle Sinne, der Geist, die Seele und der Körper sind dabei beteiligt. Kinder müssen zunächst die Dinge in die Hand nehmen und diese verändern können. Begreifen kommt also erst von Greifen. Je mehr Bewegung dabei ist, desto besser und nachhaltiger geschieht das Lernen. Kinder lernen im gegenseitigen Austausch mit Menschen in Interaktion.

Kinder lernen spielerisch. Das Spielen ist also das Lernen für die Kinder. Durch das Spielen erobern die Kinder ihre Welt. Kinder wollen sich in ihrer Umgebung zurechtfinden und sind von Natur aus neugierig. Kinder lernen ohne Plan, die Reihenfolge ist meist abhängig von einer logischen geistigen Abfolge und nicht von einem vorgefertigten Plan. (vgl. Was Kinder wissen müssen: 2002, S. 75). Kinder lernen auf ganz unterschiedlichen Arten: sie ahmen nach, sie probieren aus, sie experementieren, sie wiederholen, sie üben, sie stellen Fragen und suchen nach Antworten, sie erzählen und hören zu, sie wollen entdecken und erforschen. Sie möchten ganz genau wissen, wie etwas funktioniert und ob es ihnen schließlich gelingt.

Um zu lernen brauchen Kinder eine unmittelbare Welt. Kein Kind würde etwas lernen, wenn es das Gelernte nicht nutzbar machen könnte. Das Ziel der pädagogischen Kräfte sollte es sein, die Kinder anzuregen, selbst die eigenen Fragen zu beantworten, Hypothesen aufzustellen und ausprobieren. An den vorhandenen Fähigkeiten und Wissen anzuknüpfen und diese zu erweitern und auszubauen. (vgl. Rettet die Neugier: 2013, S. 33)

7. Wenn Kinder sich langweilen

Hier möchte ich kurz Handlungsbeispiele erwähnen, wenn Kinder sich „langweilen". Wenn Kinder nicht wissen, was sie machen sollen, so ist das eine unbedingt ernst zunehmende Aussage. Wichtig ist auch, dass Erzieher sich darüber austauschen und auch dies mit den Kindern besprechen. Denn es könnte sein, dass zum Beispiel Spielformen benötigt werden, die dem Tatendrang der Kinder entgegenkommen. Aussagen, dass insbesondere Kinder vor dem Schuleintritt sich langweilen, habe ich schon öfters in meiner Praxis gehört. Langeweile ist meist ein Hinweis auf Unterforderung der Kinder und hat weniger damit zu tun, dass die Kinder nun reif für die Schule sind. Es liegt vielmehr an der Nichtbeachtung der bevorzugten Spielformen. Zum Beispiel das Bauen wird wenig von Erzieherinnen beachtet. Die Kinder könnten sich daraus bei einigen Tätigkeiten nicht genügend anerkannt und bestärkt fühlen. (vgl. Heute wieder nur gespielt: 2016, S. 39)

8. Der Wert des Spiels

Das Spielen ist ein Teil der Entwicklung. Die Spielkompetenz muss aber zunächst erlernt werden. Vor allem lernt das Kind beim Spielen das Spielen selbst. Die Entwicklung und das Spielen sind miteinander verbunden.

Wie jedoch die Erzieher die Entwicklung sehen und welche Bedeutung sie dem selbstbestimmten, freien, Spielen geben, hängt von den Haltungen der pädagogischen Fachkräfte ab.

Vor allem welches Bild vom Menschen und welche Einstellungen die Erzieher gegenüber Kindern haben. Die Grundannahme, dass das Kind von Geburt an kompetent ist, also das Potenzial hat, alles was es für sein Leben braucht zu erlernen, ist meiner Meinung nach für Erzieher sehr wichtig und prägend für die Kinder.

Denn Erzieher selbst können die kindliche Entwicklung nicht vorantreiben, Kinder entfalten sich nur aus sich selbst heraus. Erzieher können jedoch eine vertrauensvolle Atmosphäre schaffen, aufmerksam sein und den Kindern die nötige Zeit geben, die sie brauchen. (vgl. Heute wieder nur gespielt: 2016, S. 49-50)

9. Gesetzliche Grundlagen

Die vorgeschrieben Gesetze sind Grundlage für das Handeln der Erzieher in den Kindertageseinrichtungen, aus diesem Grund führe ich hier einige Gesetzte zu dem Thema Spiel auf.

Menschenrechte ergeben sich daraus, dass ein Mensch lebt und das Recht hat, als Mensch behandelt zu werden. Kinder und Jugendliche sind weder „kleine" noch „unvollständige" Erwachsene, sondern Menschen in der Kindheits- oder Jugendphase. Kindern wird Kindheit als eigenständige Lebensphase zugestanden. Ein besonderes Merkmal von Kindern ist Spielen. (Heute wieder nur gespielt: 2016, S. 75)

9.1 Die UN- Kinderrechtskonvention

Für alle Kinder auf der Welt gelten die Menschenrechte bzw. die Kinderrechte. Die Kinderrechte sind in der „UN- Kinderrechtskonvention" festgelegt. Für eine kinder- freundliche Welt, bilden diese das Fundament. Aus 54 Artikeln besteht das Übereinkommen, welches die Rechte der Kinder und Jugendlichen ausführt.

Unter anderem haben die Kinder das Recht auf Gleichheit (Art. 12), das Recht umsorgt zu werden (Art. 3), das Recht auf Beteiligung (Art. 12), Information (Art. 13), Privatleben (Art. 16), gewaltfreie Erziehung (Art. 19), Gesundheit (Art. 24), Bildung (Art. 28), angemessene Lebensbedingungen (Art. 27), das Recht auf Spiel und freie Zeit (Art. 31). (vgl. Heute wieder nur gespielt: 2016, S. 76)

9.2 Das Recht auf Feizeit und Spiel

Der Artikel 31 legt das Recht auf Beteiligung an Freizeit, kulturellem und künstlerischem Leben fest. Das Recht auf Ruhe und Freizeit, auf Spiel und altersentsprechende aktive Erholung. In Ergänzung hat der UN-Ausschuss im April 2013 eine neue Bemerkung, den „Genaral Comment No. 17" veröffentlicht. Das „Bündnis Recht auf Spiel", eine Initiative des Kinderhilfswerkes, resultiert vier Hauptforderungen daraus. (vgl. Heute wieder nur gespielt: 2016, S.78)

„Das Recht auf Spiel...

...draußen in freier Natur im Zeitalter des technischen Fortschritts

... in Stadtplanung und Kommune.

... in Bildungs- und Betreuungseinrichtungen.

...im Ausdruck von Kunst und Kultur". (Heute wieder nur gespielt: 2016, S.78)

10. Der Raum als Pädagoge

In diesem Kapitel möchte ich zunächst die Wichtigkeit der Räume verdeutlichen und danach auf die Räume in der Kita Turmspatzen eingehen und diese beschreiben.

Räume sind wie Erzieher, weil sie immer anschauliche Erfahrungen ermöglichen, es ist unabhängig, ob Menschen anwesend sind oder nicht. Es ist sehr wichtig, dass Erziehern bewusst ist, dass Räume einen großen Einfluss auf die Spielmöglichkeiten und Erfahrungen der Kinder haben. Die Räume und ihre Gestaltung dürfen nicht Produkte persönlicher Geschmacksvorlieben oder des Zufalls sein, sondern bewusst wohl überlegt und durchdacht sein. (vgl. Heute wieder nur gespielt: 2016, S.88-89)

In der Kita Turmspatzen, werden die Räume nach den Bedürfnissen der Kinder gestaltet, verändert und optimiert. Dafür wird entweder in Kleinteamsitzungen oder Großteamsitzungen sich ausgetauscht und neue Ideen eingebracht.

Im Kindergartenbereich wurde zum Beispiel eine neue Puppenecke eingerichtet, damit die Kinder ihre Rollenspiele besser ausleben können. Im Bauraum wurden mehr Kisten für die Sortierung der Bausteine angeschafft, damit die Kinder eine bessere Übersicht über das Material haben und so optimaler konstruieren können.

10.1 Spielräume in der Kita Turmspatzen

Die Kita Turmspatzen verfügt über drei Ebenen und viele Themenräume, wie Beispielsweise ein Bewegungsraum im Keller der Einrichtung für die Bewegungsspiele mit vielen Möglichkeiten, zum Beispiel klettern auf der Sprossenwand, Bänke zum Balancieren und Matten zum Turnen und Entspannen oder Schwingen auf einem Seil. Des Weiteren ist im Erdgeschoss ein Bauraum für die Konstruktionsspiele, zum Bespiel mit vielen unterschiedlichen Bausteinen aus verschiedenen Materialien, verschiedene Autos und Holzeisenbahn mit Schienen, eine Holzwerkstatt für das Arbeiten mit Holz (auch Konstruktionsspiele), einem Essraum zum Kochen und Backen in Begleitung eines Erziehers. Zudem sind im ersten Obergeschoss Räume, wie ein Atelier für Konstruktionsspiele und das Gestalten von kreativen Werken, z.B. mit einer Heißluftpistole, Perlen zum Fädeln, Draht, Pompons, Papier in verschiedenen Größen und Farben sowie unterschiedliche Farben und Kartons zum Basteln und sich frei entfalten. Desweitern gibt es einen Theaterraum für Verkleiden, Tanz, Rollenspiele und Musizieren mit einigen Musikinstrumenten, wie Trommeln, Triangel und Rasseln. Auch zwei Gruppenräume sind noch im Obergeschoss zu finden mit Kinderküche, Puppenecke, Leseecke zum Bücher anschauen und kommunizieren, Experimentierecke mit Lupen und Pipetten und Spielecke mit vielen Regelspielen, wie „Mensch Ärgere dich nicht" oder „Sagaland". Das Außenspielgelände verfügt über viele Sandflächen, zum Beispiel zum Buddeln, Bauen, konstruieren und Rasenflächen mit vielen Bäumen (Apfelbaum, Kirschbaum, Birnenbaum) für Bewegungsspiele, Rollenspiele, Konstruktionsspiele rennen, toben, klettern, eine Matschanlage, wo die Kinder das Wasser entdecken und erforschen können mit Schippen und Eimern es schöpfen und Wassertunnel bauen können. Zwei Rutschen, verschiedene Schaukel und Klettermöglichkeiten, ein kleines Trampolin zum Hüpfen.

Auf dem Nachbargrundstück befindet sich ein Bauernhof mit Tieren, zum Bespiel Hühnern und Gänsen, wo die Kinder diese beobachten und entdecken können. In vielen Räumen werden viele unterschiedliche Spielformen gespielt, wie man lesen kann.

Zusammenfassend kann ich sagen, dass die Kita Turmspatzen, vielfältige Räumlichkeiten verfügt, wo die Kinder sehr viele Entfaltungsmöglichkeiten und Spielmöglichkeiten haben um ihren Interessen nachzugehen und ihre Spielformen auszuspielen.

11.Spielmaterialien

Da Spielsachen bedeutsam viel Einfluss auf die persönliche Entwicklung der Kinder nehmen, werde ich hier auf Spielsachen genau eingehen und erläutern, worauf man genau in der Praxis achten muss. Nach der Definition von Hans Mogel sind Spielsachen alle Gegenstände der kindlichen Umwelt, die das Kind zu Bestandteilen seiner Spielhandlung macht. Diese Gegenstände nehmen von da an besonderen Erlebenswert, Verhaltenswert und Erfahrungswert ein. (vgl. Heute wieder nur gespielt: 2016, S.96-97)

Spielsachen fordern bestimmte Spieltätigkeiten heraus und bieten unterschiedliche Qualitäten der Spiele. Es ist grundlegend wichtig, dass Spielmaterialien bewusst in der Kita für die Kinder ausgewählt werden. (vgl. Heute wieder nur gespielt: 2016, S.97)

11.1 Zehn Kriterien für kindgerechtes Spielzeug

Hier werde ich kurz die für mich wichtigsten Kriterien erklären, die zur Auswahl kindgerechter Spielmaterialien gelten und jeweils meine Beobachtungen aus der Praxis schildern:

1. Deutungs- und funktionsoffene Materialien

Deutungsoffene Materialien bieten viel Raum für Kreativität und Fantasie. Auf der Metaebene tauschen sich Kinder Miteinander aus, welche Funktion ein bestimmter Gegenstand haben soll, dabei wird zudem noch die Sprachkompetenz verbessert.

In der Kita Turmspatzen konnte ich zum Beispiel beobachten, wie aus einem Pappkarton ein Zug gebastelt, ausgeschnitten und bemalt wurde. Dabei wurde viel miteinander abgesprochen, verhandelt, geklärt und vereinbart. Danach stiegen die Kinder ein und fuhren damit in den Urlaub. Auch Seidentücher wurden als Umhänge oder Seile für „Pferde" verwendet oder damit beim Tanzen geschwungen. (vgl. Heute wieder nur gespielt: 2016, S.98)

2. Natürliche Materialen

Naturmaterialien sind ästhetisch, deutungs- und funktionsoffen. Diese führen durch die Naturfarben in den Räumen nicht zu Reizüberflutung und sind meist ungiftig.

Ich habe in der Praxis beobachtet, dass die Kinder sehr oft im Garten vor allem mit Steinen und Stöckern spielen, sie sammeln und geben diesen kreativ eine Bedeutung wie Schwert oder Edelstein. (vgl. Heute wieder nur gespielt: 2016, S.99)

3. Lebensechte Materialien

Haushaltsgegenstände sind Objekte, die von Erwachsenen gebraucht werden. Die Erwachsenen sind Vorbilder für die Kinder, die Kinder ahmen sie nach. Deshalb sollten „echte" Materialien unbedingt angeboten werden. Ich konnte beobachten, wie die Kinder mit Gießkannen, die Blumen gegossen haben, um den Erziehern bei der Gartenarbeit zu helfen. Auch echte Töpfe sind draußen in der Kita Turmspatzen im Sandkasten zu finden, in denen die Kinder immer wieder etwas zubereiten. (vgl. Heute wieder nur gespielt: 2016, S.99)

4. Anspruchsvolle Materialien

Ich habe zum Bespiel beobachtet, wie eine Waage aus Holz mit Gewichten erforscht wurde, dabei haben die Kinder diese auf Funktion und Anwendung geprüft und untersucht. Sie legten Bücher und Murmeln auf die Waage und beobachteten, was passiert, welche Seite runter ging und was sie noch damit machen konnten, indem sie diese auseinander nahmen und wieder zusammensteckten. (vgl. Heute wieder nur gespielt: 2016, S.99)

5. Entwicklungsgerechte Materialien

Kinder in der Krippe, benötigen anderes Spielzeug als Kindergarten- oder Hortkinder. Für Kinder bis vier Jahre sollten Spielmaterialien ausgewählt werden, damit sie ihre Spielhandlungen (Schemata) ausführen können. (vgl. Heute wieder nur gespielt: 2016, S.100)

Ich habe beobachtet, dass im Hort die Spiele komplexer und anspruchsvoller sind mit denen sich die Kinder beschäftigen, z.B. wie Schach oder Aktivity. Im Kindergarten dagegen werden entwicklungsbedingt strategisch einfachere Spiele, wie Obstbaum oder Puzzelspiele gespielt.

6. Gleiche Materialien

Einige Materialien wie Papier oder Kleber sollten mehrfach vorhanden sein.

Viele Materialien können auch mit Hilfe der Eltern gesammelt und mitgebracht werden, wird das Material aufgebraucht, ist dies auch eine Erfahrung für die Kinder. (vgl. Heute wieder nur gespielt: 2016, S.100)

Bei uns bringen Eltern und Erzieher zum Bespiel Verbrauchsmaterial wie Pappkartons oder Toilettenrollen mit von Zuhause. Zudem haben wir Legematerial, wie Knöpfe oder Deckel und Konstruktionsmaterial im Bauraum, wie Holzbauklötze in der Kita Turmspatzen.

7. Auseinandernehmbahre Materialien

Es ist wichtig für Kinder, auch hinter die Dinge zu schauen, um zu erkunden, wie etwas funktioniert. Aussortierte mechanische und technische Geräte ermöglichen es, die Bau- und Funktionsweise zu untersuchen und mechanische Prinzipien zu entdecken. (vgl. Heute wieder nur gespielt: 2016, S.101)

Als unsere alte Uhr in der Kita nicht mehr funktionierte, durften die Kinder damit spielen, sie nahmen zunächst den Plastikdeckel ab, drehten an den Zeigern und Rädchen.

8. Aufzubrauchende Materialien

Kinder benötigen Sachen, die sie ohne Ermahnung aufbrauchen dürfen. Wenn Kinder zum Beispiel Unmengen an Klebestreifen verbrauchen, so wie ich das in der Praxis beobachten konnte.

So tun sie das nicht aus Verschwendungslust, sondern benötigen es, um etwas zu verpacken. Das Einpacken und Auspacken gehören zu den wichtigen kindlichen Spielhandlungen (Schemata). (vgl. Heute wieder nur gespielt: 2016, S.101)

9. Beziehungsvolle Materialien

Stofftiere zum Bespiel haben für Kinder eine wichtige Bedeutung. Die Kinder spiegeln ihre Erlebnisse, Gefühle, Wünsche, Sehnsüchte auf diese Objekte wieder und verarbeiten sie im Spiel. Deshalb ist es von großer Bedeutung eine Auswahl von Puppen und Kuscheltieren zur Verfügung zu stellen. Stoffpuppen, die neutral gehalten sind, wie Waldorfpuppen sind dafür gut geeignet, damit Kinder alle Emotionen hineindeuten können. (vgl. Heute wieder nur gespielt: 2016, S.102)

Fast in jedem Gruppenraum, sind in der Kita Turmspatzen Kuscheltiere oder Puppen zu finden. Ich habe beobachtet, wie ein Kuscheltierhund gefüttert wurde und danach ins Bettchen gebracht wurde.

10. Gepflegte Materialien

Alle Spielsachen sollten in einem gepflegtem Zustand und vollständig sein, so dass die Materialien jeder Zeit und ohne Einschränkungen genutzt werden können. (vgl. Heute wieder nur gespielt: 2016, S.102)

Bei mir in der Einrichtung konnte ich feststellen, dass manche Materialen nicht komplett vorhanden waren. Zum Bespiel Puzzleteile fehlten oder Spielfiguren. Aus diesem Grund, wurden bei mir in der Einrichtung zunächst die fehlenden Teile von den Kindern gesucht. Als die fehlenden Teile nicht gefunden wurden, wurde nach Absprache mit meinen Kolleginnen, diese Material dann aussortiert.

Zusammenfassend lässt sich also sagen, dass alle Kriterien bis auf die Vollständigkeit in der Kita Turmspatzen erfüllt wurden. Die Einrichtung bietet eine vielfältige, kindgerechte Auswahl an Materialien an, welche die Kinder zum fantasievollen und kreativen Spiel anregt und bei ihrer individuellen Entwicklung unterstützt.

12. Was heißt selbstbestimmtes Spiel?

Hier möchte ich zunächst das selbstbestimmtes Spiel definieren, bevor ich untersuche, wie selbstbestimmt das Spiel in der Praxis ist.

"Nur im freien Spiel entfaltet sich menschliche Intelligen" . (Elisabeth C. Gründler)

Unter selbstbestimmten Spiel versteht man den Zeitabschnitt, in dem die Kinder selbständig entscheiden können, was , wo, mit wem und wie lange sie spielen wollen.

Freispiel ist nicht ersetzbar. Das Kind wählt selbst sein Spielmaterial aus, entscheidet über seinen Spielverlauf und bezieht Spielpartner/innen mit ein. Das selbstbestimmtes Spiel kann von den Erwachsenen bereichert werden durch angemessene Raumgestaltung, motivierendes Spielmaterial, durch Regeln, die dem Kind Sicherheit und Zugehörigkeit bieten, durch Anerkennung, Verstärkungen und Unterstützung sowie durch eine hohe Mitbestimmung der Gruppenmitglieder.

(https://www.kindergartenpaedagogik.de/2253.html)

12.1 Wie frei ist das Freispiel in der Kita Turmspatzen?

Um die Frage genau zu beantworten, habe ich sieben Sachen genau beleuchtet, um herauszufinden, wie frei das selbstbestimmte Spiel in der Praxis wirklich ist.

Die folgenden Sachen habe ich näher beobachtet: Wahl des Spielortes, Wahl der Spieltätigkeit, Wahl des Spielpartners, Wahl des Spielmaterials, Wahl des Spielverlaufs, Wahl des Spielinhaltes, Wahl der Spieldauer und Wahl des Spieltempos.

Den Spielort dürfen die Kinder meiner Meinung nach bei uns in der Praxis eher selten selbst bestimmen. Meist hängt dieser mit den Rahmenbedingungen zusammen. Also wie viele Kollegen sind verfügbar (optimal wäre in jedem Raum ein Erzieher), die Raumgröße, zum Beispiel dürfen Maximum 5 Kinder auf die Hochebene und wohin die Mehrheit der Kinder spielen gehen möchte. Aber auch das Wetter ist ein Kriterium, (bei Gewitter bleiben alle drin) und die Kleidung (welches Kind witterungsbedingte Kleidung dabei hat) und Erzieher (wer möchte bei Regen raus). Wenn sich die Kinder aber für einen Raum entschieden haben, wo sie hin wollen und eine Erzieherin mitkommt, dann dürfen die Kinder in diesem Raum alle Ecken beliebig nutzen. Beim Wechsel eines Raumes muss dann wieder geschaut werden. Die Spieltätigkeit wählen die Kinder meiner Meinung selbst aus, wenn sie etwas nicht machen möchten, ist das in Ordnung und wird akzeptiert von Erziehern und Kindern. So auch bei dem Spielpartner, den sie frei auswählen. Manchmal gibt es Konflikte, wenn zum Beispiel eine kleine Gruppe mit einem Kind nicht spielen möchte, weil das eine Kind etwas tut, was der Gruppe nicht gefällt. In diesem Fall entscheidet meist die Gruppe darüber oder eine Erzieherin zur Hilfe gerufen wird, um bei der Lösung zu helfen und einen Kompromiss zu finden. Das Spielmaterial wird frei gewählt und darf auch aus einem anderen Raum geholt werden, wie z.B. Puppen in den Bauraum. Der Spielverlauf entwickelt sich meist ungeplant aus dem Spiel heraus und ist somit auch frei wählbar. Der Spielinhalt wird meist von den Kindern auf Metaebene selbst besprochen und ist somit frei wählbar. Die Spieldauer wird von den Strukturen der Einrichtung bestimmt. Es gibt festgelegte Zeiten für das Frühstück, Mittagessen, Vesper, Schlaf- und Ruhezeit. Das Spieltempo wird von den Kindern selbst vorgegeben bzw. angepasst je nachdem mit wem sie Spielen. Zusammenfassend kann ich sagen, dass das Freispiel der Kinder in der Einrichtig von einigen äußeren Bedingungen, wie Strukturen, Wetter und dem Personal abhängen aber zum größeren Teil die Kinder ihr Freispiel spielen können und die Erzieher sehr darum bemüht sind, dass jedes Kind seinem Interesse folgen kann.

13. Die optimale Spielsituation für Kinder

Hier möchte ich kurz erläutern, was zu einer guten Spielsituation beiträgt.

Eigenständiges Forschen und Aneignen der Umwelt ist ein evolutionär angelegtes Bedürfnis von Kindern. Kinder lernen am besten im eigenständigen Spiel ihre natürliche und soziale Umwelt kennen. Sie benötigen spontane Wahlmöglichkeiten z.b. soziale Kontakte, Freiräume, Einblicke in ihre kulturelle Welt durch Beobachten und Mitmachen. Die Voraussetzungen dazu sind unter anderem eigenständige Mobilität, Zugang zu vielen verschiedenen Freiflächen, soziale Kontakte zu Kindern unterschiedlichen Alters und Geschlechts, viel Platz, vielfältige Materialien, Bezugspersonen im Hintergrund, Räume und Situationen, die einen bedeutsamen Zusammenhang für die eigene Kultur haben. (vgl. Kinderspiel-lebensentscheidend: 1970, S. 214)

Kinder sollten selbst viele Erfahrungen machen und viele Lebensräume ausgiebig erlebt und in sich aufgenommen haben, damit sie sich zum Beispiel später an anderen Orten und unter ungewohnten Bedingungen zurechtfinden. (vgl. Kinderspiel-lebensentscheidend: 1970, S. 55)

Ich konnte im Freispiel draußen zum Beispiel beobachten, dass die Kinder beim Wühlen im Mutterboden Würmer, Insekten und Spinnen entdeckten und erforschten.

14. Beobachtung eines Freispiels im Theaterraum

Da mein Schwerpunkt das selbstbestimmte Spiel in dieser Arbeit ist, möchte ich hier meine beobachtete Freispielsituation, die ich erlebt habe aufschreiben und danach die Lerninhalte der Kinder darstellen.

Ich gehe auf Wunsch der Kinder, mit sieben Kindern, davon vier Mädchen und drei Jungen im Alter von fünf bis sechs Jahre in den Theaterraum. Nach einem kurzen Ankommen fangen die Mädchen an, sich zu verkleiden. Ein Mädchen hat eine Idee und schlägt vor, ein Theaterstück vorzuführen. Sie suchen ihre Kostüme aus der Kleiderkiste aus und gehen dazu in die „Umkleidekabine" (Toilette), Die Jungen holen Musikinstrumente, wie Trommeln, Rasseln, Triangel, Holzstöcker hervor und legen diese in einer Reihe auf den Boden. Die Jungen holen sich jeweils einen Holzstock und probieren dabei jedes Instrument einmal nach der Reihe aus wie es klingt, wenn man es kurz anschlägt. Die Mädchen haben sich nach ca. fünf Minuten umgezogen und kommen auf die „Bühne". Ein Junge schlägt dann vor, für das Theaterstück Musik zu machen. Die anderen Jungen machen mit. So entsteht ein Theaterstück mit musikalischer Begleitung, ohne das ich einwirke. Die Mädchen tanzen, drehen sich, laufen auf den Zehenspitzen, schwingen mit den Tüchern. Zwei Jungen trommeln dabei und einer spielt mit den Schlagstöckern.

Nach ca. fünf Minuten ist das Stück vorbei, die Mädchen verbeugen sich und ein Mädchen schlägt vor, sich neu zu verkleiden und noch einmal etwas vorzutanzen. Die Mädchen gehen sich wieder umziehen.

(Siehe Fotos)

Was haben die Kinder dabei u.a. gelernt:

Sprache: Durch den Austausch und Kommunikation mit den anderen Kindern.

Motorik: Durch das Tanzen, Posen und Drehen.

Rhythmus: Durch das Tanzen, Musik (Takt) durch die Instrumente.

Physikalische Gesetzmäßigkeiten: durch das Schwingen der Tücher in der Luft, Drehen (Fliehkraft)

Kreativität: durch das Verkleiden, Musik machen

Konzentration und Ausdauer: Auf die anderen warten, auf die Musik hören

15. Pädagogisches Handeln anhand der fünf Merkmale des Spiels

Hier werde ich das kindorientierte Pädagogische Handeln bei der Begleitung des Freispiels darstellen und gebe praktische Beispiele in der Umsetzung.

In der Definition habe ich die fünf Merkmale erläutert, die zugleich Bedingungen für das Spiel sind und Impulse geben, auf was Erzieher besonders achten können, wenn sie Kinder beim Spielen begleiten.

1. Merkmal und Bedingung: Unvollständige Funktionalität

Hier geht es um Lernprozesse und nicht um Produkte und erkennbare Ergebnisse. Das Spiel darf nicht unter dem Aspekt „Nützlichkeit" gesehen werden und in eine bestimmte Richtung gelenkt werden, nur so kann die Qualität des Spiels verbessert werden.

Akzeptanz: Die Erzieher müssen akzeptieren, dass kein Kind pausenlos spielen muss. Manchmal benötigen die Kinder Zeit zum Ankommen, vertraut werden mit der Umgebung und überlegen, worauf sie Lust haben. Sobald die Kinder den richtigen Zeitpunkt gefunden haben, fangen sie an zu spielen. Zwischendurch braucht das Kind Ruhepausen, wo es sich zurückziehen kann. Rückzugsorte in Gruppennähe oder der Schoß einer Erzieherin sind von großer Bedeutung und lassen das Kind wieder Kraft tanken. Auch etwas Langeweile gehört zum Spiel, Kinder brauchen Augenblicke zum Innehalten, daraus entwickeln sich meist weitere spannende Spielideen. (vgl. Heute wieder nur gespielt: 2016, S.136)

In meiner Einrichtung kann ich genau das bestätigen, ich habe gesehen wie Kinder nach einem längerem Bewegungsspiel (Fangenspiel) zu mir kamen, auf meinen Schoß wollten, dann kurz verweilten und nach einigen Minuten wieder kreativ wurden und ein neues Spiel im Sandkasten anfingen.

Ein Kind, so wie es spielt, hat immer einen Grund oder einen tieferen Sinn. Befremdetes Verhalten ist meist ein Zeichen dafür, dass die Erzieher den Sinn noch nicht verstanden haben. Es ist wichtig, sich in diesem Fall mit anderen Kollegen darüber auszutauschen. Weiter beobachten und reflektieren sind Möglichkeiten, um ein „anderes" Spiel mit anderen Augen zu sehen. (vgl. Heute wieder nur gespielt: 2016, S.136)

In der Praxis wird sich in einem solchen Fall im Kleinteam oder Großteam zusammengesetzt und die Erzieher diskutieren in einer Fallbesprechung die Beobachtungen über das jeweilige Kind. Meist wird auch die Leitung zum Gespräch miteinbezogen oder andere Kollegen aus anderen Bereichen wie Hort oder Krippe dazu genommen.

Zurückhaltung: Erzieher sollten die Kinder beim Spielen nicht stören bzw. unterbrechen durch Belehren oder Korrigieren. Denn es kann passieren, dass die Kinder die Lust am Spiel verlieren. Kinder im Spiel feinfühlig zu begleiten, stärkt selbstentdeckendes Lernen. (vgl. Heute wieder nur gespielt: 2016, S.137)

In der Praxis, zum Beispiel beim Malen, lasse ich erst das Kind zu Ende malen, um zu beobachten. Auf gar keinem Fall bewerte ich das Bild, sondern gehe auf das ein, was ich sehe zum Bespiel: „Ich sehe du hast viel grüne Farbe benutzt".

2. Merkmal und Bedingung: „So tun als ob"

Kinder spielen kreativ und fantasievoll. Für Erzieher ist es wichtig zu wissen, dass es sich um gespieltes Verhalten handelt und sie den Kindern die Freiheit lassen sollen, in ihrer eigenen Art und Weise Handlungen spielend auszuprobieren. Zudem können Erzieher mit den Kindern über ihre Ideen und Vorhaben im Dialog sprechen. Offene Fragen sind hier von großer Bedeutung, da sie die Kinder zum Nachdenken anregen. (vgl. Heute wieder nur gespielt: 2016, S.137)

In der Kita achte ich darauf, offene Fragen an die Kinder zu stellen wie zum Bespiel: „Was möchtet ihr jetzt machen?".

Mitspielen: Jüngere Kinder benötigen meist noch die Erzieherin als Spielpartner. Ab dem dritten Lebensjahr sind Kinder dann in der Lage, ihre Als-Ob-Handlungen alleine zu spielen.

Dabei sollten Erzieher sich auf die Augenhöhe begeben und die Regeln der Kinder akzeptieren, ohne das Spiel verändern zu wollen. Die Erzieher werden dann weniger benötigt und durch andere Kinder ersetzt. (vgl. Heute wieder nur gespielt: 2016, S.138)

In der Einrichtung werde ich oft in das Spiel der Kinder miteinbezogen und darf zum Beispiel vom Sandkuchen probieren oder werde von einem Zauberer in einen Frosch verwandelt.

3. Merkmal und Bedingung: Positive Aktivierung und Fokussierung

Kinder spielen aus sich heraus mit viel Lust, Freude und Spaß. Eine wertschätzende Haltung und Vertrauen des Erziehers stärken das selbstbestimmte Handeln der Kinder.

Anerkennung: Erzieher sollten das Tun der Kinder wertschätzen und ernst nehmen. Kinder spüren zu lassen, dass wir sie beachten, ihre Anstrengungen würdigen. Ein Lächeln, ein Dialog, ein Nicken und schon fühlt sich das Kind gesehen und bestärkt. Floskeln wie „schön, super, klasse" sind oberflächlich und nicht dialogisch und deshalb bedeutungs- und inhaltslos.

In der Praxis ist mir aufgefallen, dass mir oft die schnellen Floskeln wie „schön" oder „toll" rausrutschen, in dem Fall werde ich mehr darauf achten und auf „ich Botschaften" übergehen.

Aufmerksamkeit: Um die Bedürfnisse der Kinder wahrzunehmen und zu erkennen muss die Erzieherin innerlich aktiv anwesend sein. Dies ist anstrengende Arbeit. Sich nicht von den äußeren Reizen ablenken zu lassen und ausschließlich auf das Spiel der Kinder und Gruppengeschehen einzulassen, erfordert viel Selbstdisziplin und Prioritätensetzung.

Beides kann gut gelingen, wenn das Team sich gegenseitig unterstützt und den Wert des selbstbestimmten Spiels anerkennt. (vgl. Heute wieder nur gespielt: 2016, S.138)

In der Praxis konnte ich beobachten, wie eine Erzieherin konzentriert eine Gruppe von Kindern beim Spielen beobachtete, auch wenn es von Außen so aussah, als ob sie nur sitzen und nichts weiter tun würde. Sie ging auf das Spielgeschehen ein und beantwortete Fragen der Kinder und ließ sich dabei nicht ablenken von anderen Erziehern.

Eigeninitiative unterstützen: Kinder suchen im Spiel nach neuen Lernerfahrungen. Sie streben nach Selbständigkeit und zeigen dies damit, dass sie vieles alleine machen möchten. Erzieher sollten Kinder dabei unterstützen und nicht die Rolle der Unterhalterin einnehmen. (vgl. Heute wieder nur gespielt: 2016, S.138)

In der Kita Turmspatzen habe ich beobachtet, als eine neue Feuerwehrstation aus Holz mit einem Erzieher aufgebaut wurde und wie die Kinder dem Erzieher dabei geholfen haben alleine zum Beispiel die Bretter zusammenbauen. Der Erzieher hat die Kinder alleine machen lassen und sie dabei unterstützt, wie zum Bespiel das Brett gehalten.

4. Merkmal und Bedingung: Wiederholung und Variation

Wenn Erzieher den Kindern ausreichend Zeit geben, können die vielfältig mit vielen Wiederholungen Spielen.

In der Praxis geben Erzieher viel Zeit zum Spielen, sind jedoch an zeitlichen Strukturen, wie Essenszeiten, gebunden.

Begleitung: Spielbegleitung erfordert viel Feingefühl, um ein gutes Gleichgewicht zwischen sich mit einbringen und sich heraushalten zu gewährleisten. Einige Kinder brauchen einfühlsame Zuwendung, um dann die Umgebung neugierig zu erforschen. (vgl. Heute wieder nur gespielt: 2016, S.189)

Ich habe vor allem bei der Bringsituation beobachtet, dass manche Kinder zunächst den Kontakt zu der Erzieherin gesucht haben, um erstmal anzukommen und die Situation zu beobachten und danach die Umgebung zu erkunden und spielen zu gehen.

5. Merkmal und Bedingung: Entspanntes Feld

Erst wenn Kinder sich sicher und geborgen fühlen, weder unter- oder überfordert sind, können sie frei spielen. Wenn Erzieher den Alltag so gut es geht stressfrei gestalten, sind Kinder weniger angespannt und dies wirkt sich günstig auf ihr Spielverhalten aus. (vgl. Heute wieder nur gespielt: 2016, S.139)

Meinen Beobachtungen nach, sind vor allem sanfte Übergänge, wie ein Tischspruch vor dem Essen, das Vorlesen eines Buches vor dem Schlafen gehen für die Kinder wichtig, um Sicherheit zu erfahren.

Beziehung: Eine vertrauensvolle und sichere Bindung zu den Erziehern ist die Voraussetzung für ein intensives Spiel. Je mehr die Kinder Selbstvertrauen haben, desto mutiger sind sie und können sich dadurch auf Neues einlassen. (vgl. Heute wieder nur gespielt: 2016, S.139)

In der Praxis habe ich beobachtet, dass verlässliche Bezugspersonen, wiederkehrende Rituale, strukturierte Tagesabläufe den Kindern gut tun, Orientierung und Sicherheit bieten und sie dadurch zufriedener sind.

Achtsamkeit: Wenn die Kinder konzentriert spielen, dürfen sie nach Möglichkeit nicht gestört werden. Wenn Erzieher unbedacht durch den Raum nach einem Kind rufen, um ihm etwas mitzuteilen, so reißen sie das Kind aus dem Spiel. Respekt vor der Eigentätigkeit des Kindes ist wichtig .Angemessen wäre es, zu dem Kind zu gehen und es freundlich zu fragen, ob man es kurz stören darf. Sätze mit „nicht" sind für Kinder schwerer zu verstehen. Den Kindern sagen, was sie machen sollen ist da verständlicher. (vgl. Heute wieder nur gespielt: 2016, S.140)

In der Praxis achte ich auf meine Sätze und wie ich die Kinder anspreche, jedoch kommt es schon mal vor, dass ich Sätze mit „nicht" verwende, das dann schnell merke und versuche eine andere Formulierung zu finden, was mir meist gelingt.

Anregung: Spielinhalte und Themen sind Erfahrungen, die Kinder im Alltag sammeln und in ihrem Spiel nachspielen und verarbeiten.

Anregung bedeutet auch, dass Kinder ermutigt werden sich gegenseitig zu helfen oder Spielsachen selbst basteln. (vgl. Heute wieder nur gespielt: 2016, S.140)

Ich habe beobachtet, dass die Kinder gerne bei den Tätigkeiten des Hausmeisters zuschauen und nachspielen, sei es Rasen mähen oder etwas reparieren.

Assistenz: Das Aufräumen zum Bespiel erfordert die Moderation und Hilfe der Erzieher. Dafür muss vor allem genügend Zeit eingeplant werden. Wenn Erzieher als Vorbild agieren und selbst gerne aufräumen und Aufträge vergeben, wie „kannst du bitte die Autos in dieses Körbchen einräumen?" ist das Aufräumen eine Bildungssituation. (vgl. Heute wieder nur gespielt: 2016, S.140)

Ich zum Beispiel singe meist ein Aufräumlied und räume mit den Kindern gemeinsam auf. So macht das Aufräumen mehr Spaß und wird zu einem Spiel.

Beteiligung: Kinder sollen Einfluss auf Entscheidungsprozesse haben. Kinder haben gute Ideen und Vorschläge, deshalb sollten Kinder unbedingt bei bestimmen Alltagssituationen mit einbezogen werden. (vgl. Heute wieder nur gespielt: 2016, S.141)

Ich habe beobachtet, dass im Morgenkreis die Kinder nach ihren Wünschen und Ideen für den Tag gefragt wurden, diese wurden dann nach Möglichkeit in der Woche umgesetzt, z.B. wollten ein paar Kinder einen Ausflug auf das Feld machen und Stöcker sammeln.

Information: Für neue Kinder ist es wichtig zu wissen, welches Material zur freien Verfügung steht oder wo gespielt werden kann. Es ist hilfreich, wenn eine Erzieherin mit den Kindern zusammen etwas auswählt und gemeinsam mit ihnen spielt. So werden neue Spielsachen eingeführt ohne den Kindern vorzuschreiben, in welcher Weise sie damit zu spielen haben.

Zurzeit kommen die neuen Krippenkinder in unseren Bereich zum Schnuppern. Eine Bezugserzieherin ist immer mit dabei und begleitet die Kinder bei der Erforschung der neuen Umgebung.

Unterstützung: Erzieher sollten das spontane Spielbedürfnis erkennen und dabei die Kinder unterstützen. Bei Konflikten moderieren und zu möglichen Lösungen hin führen, ohne die Lösung vorzugeben. (vgl. Heute wieder nur gespielt: 2016, S.141)

Ich werde manchmal von den Kindern gebeten, bei einem Konflikt zu helfen.

Ich versuche dann die Kinder selbst zur Lösung zu führen und sage dann zum Bespiel, wenn ein Kind ein anderes Kind gehauen hat: „Schau mal wie traurig der Peter ist - er weint, hast du eine Idee, was du machen könntest, damit es ihm wieder besser geht". Meist kommt dann von dem Kind, welches gehauen hat: „Entschuldigung sagen oder pusten". Und beide Kinder sind häufig danach zufrieden.

16. persönliches Resümee

Das selbstbestimmte Spiel ist eine Voraussetzung für ein nachhaltiges Lernen, durch positive Emotionen und Erfahrungen wird das Gelernte noch besser im Gehirn verankert.

Die Kinder erkunden im Spiel ihre Welt, sie begreifen diese durch das Spiel und wirken auf sie ein oder verändern sie durch ihre Fantasie. Kinder beschäftigen sich mit Freude im selbstbestimmsten Spiel mit den Dingen, die für sie relevant sind und sie für ihre Weiterentwicklung brauchen. Dadurch machen sie Erfahrungen mit allen Sinnen, Bewegung, sozialen Kontakten und meistern Herausforderungen.

Denn im freien Spiel, entscheiden sie selbst, was, wie, womit und wie lange sie spielen können. Es müssen auch keine ausgefallen Materialien vorhanden sein, um lernen zu können, ein Pappkarton ist veränderbar und regt die Fantasie manchmal mehr an als vorgefertigtes Spielzeug.

In der Herausarbeitung der Facharbeit war ich sehr erstaunt über die zahlreichen Spielformen. Die Vielfalt war mir nicht bewusst und doch konnte ich in der Praxis alle Spielformen beim gezielten Beobachten erkennen. Sie sind so komplex und doch alle neurowissenschaftlich erklärbar und dadurch für mich logisch. Infolgedessen nehme ich diese in der Praxis bewusster wahr. In dieser Facharbeit konnte ich auch lernen, dass die Erkenntnis, die die Kinder durch das Erleben machen (Erleben, Erkennen, Bezeichnen), also ihre Erfahrungen aus ihrer Lebenswelt für das weitere Lernen wichtig sind und sie diese im Spiel weiter entwickeln, anknüpfen und ausbauen. Über Emotionen lernen die Kinder am besten, deshalb ist auch die Lernatmosphäre sehr von Bedeutung. Auch finde ich wichtig, dass das Spielen ohne Zwang und Druck viel effektiver und vor allem nachhaltiger ist. Die Welt ist heutzutage von sehr vielen Reizen umgeben, vor allem der auditive Sinn und der visuelle Sinn werden ständig beansprucht. Wichtig hier sind zum Beispiel Materialien für die Kinder, die andere Sinne wie das Tasten, Riechen und Schmecken bzw. alle miteinander zu verknüpfen im Gesamtsystem zu sehen und stärken. Denn die Sinne, die nicht angeregt werden können verkümmern. Auch die bewusste Wahrnehmung und der positive Blick auf das selbstbestimmte Spiel sind für Erzieher von großer Bedeutung.

Durch die vollen Terminkalender, die zugepflasterten Straßen und die digitalen Medien, haben die Kinder weniger Zeit und Raum zum Spielen als früher, dies sollte in der Praxis beachtet und mitberücksichtigt werden.

Die Kinder beim Spielen entwicklungsgerecht zu begleiten, sie begeistern, den Alltag gemeinsam gut zu leben ist eine sehr anspruchsvolle und komplexe Aufgabe für die pädagogischen Kräfte. Aufmerksamkeit, Geduld, gute Zeitorganisation, durchdachte Raumgestaltung, kindgerechte Materialien, vorbereitete Umgebung sind unter anderem Voraussetzungen für eine gute pädagogische Arbeit und ein aufregendes, lehrendes selbstbestimmtes Spiel. Kinder die viel eigenständig spielen dürfen, gehen ihrem natürlichen Impuls nach, die Kinderrechte werden gestärkt, sie sind ausgeglichen, selbstbewusst, und glücklich. Die wichtigste Aufgabe der Erzieher ist meiner Meinung nach, dass Kinder in der Einrichtig mit allen Sinnen, vielfältige und vor allem positive Lernerfahrungen machen dürfen, die sie für ihr späteres Leben mitnehmen und davon profitieren. Denn es gibt nur eine Kindheit. Mit einem Zitat von Astrid Lindgren möchte ich meine Facharbeit abschließen:

„Kinder sollten mehr spielen, als viele es heutzutage tun. Denn wenn man genügend spielt, solange man klein ist- dann trägt man Schätze mit sich herum, aus denen man später ein Leben lang schöpfen kann. Dann weiß man, was es heißt, in sich eine warme Welt zu haben, die einem Kraft gibt, wenn das Leben schwer wird". (Heute wieder nur gespielt: 2016, S.198)

Quellen/ Literaturverzeichnis

Titelbild: https://www.bunte.de/family/kinder-schule/kindererziehung/so-wichtig-ist-freies-spielen-kein-kind-scheitert-weil-es-nicht-frueh-genug-englisch-und-klavier.html 23.07.18

Freya Pausewang, https://www.kindergartenpaedagogik.de/2253.html. 19.08.18

Hüther, Gerald; Quarch, Christoph: Rettet das Spiel. Weil Leben mehr als Funktionieren ist. München: btb, 1. Auflage, 2018.

Ansari, Salman: Rettet die Neugier. Gegen die Akademisierung der Kindheit. Frankfurt am Main: S. Fischer, 2. Auflage, 2013.

Britz- Crecelius, Heidi: Kinderspiel- lebensentscheidend. Stuttgart: Urachhaus, 6. Auflage, 1993.

Gartinger, Silvia; Janssen, Rolf (Hrsg.): Erzieherinnen und Erzieher. Professionelles Handeln im sozialpädagogischen Berufsfeld. Band 1. Berlin: Cornelsen, 1. Auflage, 2014.

Goldenbaum, Andrea; Heim, Rüdiger: Bewegungsbildung. In Kindertageseinrichtungen. Berlin: Cornelsen, 1 Auflage, 2009.

Zähme, Völker: Was Kinder Wissen müssen. Ein Leitfaden für Eltern und Erzieher. Eggolsheim: Dörfler, 2 Auflage, 2002.

Franz, Margit: „Heute wieder nur gespielt". Und dabei viel gelernt!. München: Don Bisco, 2. Auflage, 2016.